Rainar Nitzsche: Ewig sein in Stille

Der Autor

Dr. Rainar Nitzsche wurde am 27.12.55 in Berlin geboren, ging im Saarland zur Schule und lebt in Kaiserslautern, wo er Biologie studierte und über Brautgeschenke bei Spinnen promovierte. Seit seiner Jugend fotografiert er Insekten und Spinnen, inzwischen auch Pflanzen und Kirchen etc. Er ist gelernter Buchhändler und gründete 1989 den Rainar Nitzsche Verlag. Seit 2015 veröffentlicht er seine Bücher nicht mehr im eigenen Verlag, sondern als Autor bei BoD, Bookrix und Neobooks.

Werke

Lyrik: *wir ... menschen der erde*, *Die Zeit der Bäume*, *OM oder das Rauschen der scheinbaren Leere*, *Klang über den Meeren der Zeit*, *Ewig sein in Stille*.

Kurzprosa: Die Mondintrilogie: *Ruf der Mondin*, *Im Licht der Vollen Mondin*, *Mondin-Schein und Sein*. *Aton - Vater Sonn*, *Still riefen uns die Sterne*, *Spiegelwelten deiner Seele*, *Spinnentraumgespinste*, *Das Schlafende steht auf aus seinen Träumen*, *Von Engeln*, *Erleuchtung und Ewigkeit*.

Roman: Die Pfadwelten: *Der Leuchtende Pfad des Magiers*, *Wandlungen der Drei*, *Wüsten-Berges-Himmels-Weiten*, *Ins All - Im Eins*.

Kunst: *Spinnenkunstwelten 2*, *Spinnen fantastisch verfremdet*, *Aliens*, *Baumtraum*, *Höllenkunst*, *BuntBunt* u. a.

Sachbuch: *Die Spinne mit dem Brautgeschenk*, *Spinnen kennen lernen*, *Spinnen lieben lernen*, *Spinnen-Sex und mehr*, *Spinnen* u. a..

Rainar Nitzsche

Ewig sein in Stille

Meditative Lyrik

3. überarbeitete Auflage

Die Deutsche Nationalbibliothek verzeichnet diese Publikation in der Deutschen Nationalbibliografie; detaillierte bibliografische Daten sind im Internet über dnb.d-nb.de abrufbar.

Impressum
Rainar Nitzsche
Ewig sein in Stille
3. überarbeitete und erweiterte Auflage
(1. Auflage: Rainar Nitzsche / Berthold Mallmann 2006 im Rainar Nitzsche Verlag)
Fotografie und Effekte: Dr. Rainar Nitzsche
Frontcover: *Lebenskraft*
Haupttitel: *Wellen*
Backcover: *Selbstporträt*
Computersatz: Dr. Rainar Nitzsche

© 2018 Rainar Nitzsche
Herstellung und Verlag:
BoD – Books on Demand, Norderstedt
ISBN 9783741261312

MIX
Papier aus verantwortungsvollen Quellen
Paper from responsible sources
FSC® C105338

Allen
die die Stille lieben

INHALT

Älter	8
Aus der Yogalehre	9
Asana	10
Augen schließen	11
Aus Dunkel	12
Aus oder raus?	13
Aus Tiefen	14
Collage	15
Dort	16
Einfall	17
Eins und Alles	18
Einst	19
Erde	20
Erdgedanken	21
Erleuchtung	22
Erste Kontrollinstanz	23
Evolution empor	24
Evolution und Zufall	25
Feuer	26
Feuer auf meiner Stirn	27
Feuer außen - Feuer innen	28
Frage und Antwort	29
Freunde	30
Für Klaus*	31
Gedanken	32
Gedanken gleich Wolken	33
Gedanken schaffen Licht	34
Gegen Mittag	35
Geh!	36
Geist und Licht	37
Gelesen	38
Gelesen an einer Wand	39
Gestern - heute - morgen	40
Glücklich	41
GOTT	42
Heilung	43
Heute	44
Im Zentrum des Seins	45
In den Zeiten	46
Das Innere des Kristalls	47
Ist Zeit	48
Jenseits der 1. Ebene	49
Jenseits der 2. Ebene	50
Julimittag	51
Kerzen-Ich	52
Kerzenlicht	53
Kerzenlicht (2)	54
Klarheit	55
Kleine Insel im Strom der Zeit	56
Lächeln - innen und außen	57
Laotse	58
Laser	59
Lebenskreis	60
Lebenszeit	61
Leere	62
Die Leere atmen	63
Lernen	64
Licht	65

Licht in mir	66
Licht meines Ichs	67
Lichtklang	68
Magie für Ma	69
Mein Ich	70
Modifizierter Liedtext	71
Näher	72
O Freund	73
Öde	74
Parteinahme	75
Plötzlich	76
Pocht mein Herz	77
Rasend	78
Raum	79
Rotwangenschmuckschildkröte	80
Sahst du je, hörtest du je?	81
Sand	82
»Schau!«	83
Schleier, Schweigen, Schein	84
Schildkröten schweben	85
Schmelzen und verschmelzen	86
Sehen	87
Sigma	88
Simulation	89
Singt!	90
Spiel der Katze mit der Maus	91
Die Starke und der Schwache	92
Staub	93
Stein des Anstoßes?	94
Stell dir vor	95
Stille Nacht	96
Stiller See	97
Strand	98
Streife ab!	99
System	100
Tee trinken	101
Ein Tippen	102
Tor	103
Tränen (1)	104
Tränen (2)	105
Tränenreich	106
Über der Zeit	107
Und du?	108
Und Lichter …	109
Vergänglichkeit	110
Von oben – von unten	111
Von Tränen und Leben	112
Wahrheit	113
Wann?	114
Wer bin ich?	115
Windstille	116
Wir sind	117
Wort	118
Zeit	119
Ziel	120
Zwischendrin	121

ÄLTER

Es schritt
mein Ich
so durch die Zeit
und wurde
alt

Aus der Yogalehre

1
Alle Wesen
mögen
glücklich sein!

2
Denke nichts
und du wirst
das Denken
erlernen!

Asana

Yoga am Morgen:
auf dem Rücken liegend
die Beine emporgestreckt

Gewaltig und ruhig zugleich
singen die Synthesizer aus den Boxen
indische Ragaskalen: Asawari, Bhairav, Todi
denen du in diesem Kerzensitz
liegend stehend lauschst
in denen du erzitterst

Jetzt lacht deine Seele
tanzt und weint
lächelt schon ein wenig

Augen schliessen

Augen schließen
zu sehen beginnen

Leuchtendes Zentrum
deiner Stirn

Den Geist öffnen

All werden
All sein

Mit den Sinnen
aller Wesen
sich selbst
wahrnehmen

Aus Dunkel

Sonn
bricht hervor
aus Dunkel

Lachend
leuchte
ich

Aus oder raus?

Das ist die Frage deines Lebens
Das ist die Frage nach dem Tod
nach dem Leben, nach dem Tod

Irgendwann ist es mit deinem Körper aus
Doch geht etwas drüber hinaus?
Dein Geist, dein Ich, deine Seele?
Kommt sie, kommt etwas
aus diesem Leben raus?

Aus Tiefen

Aus tiefsten Tiefen
steigen auf
leuchtende Zentren
in mir
flattern noch am Morgen
schweben lautlos sanft am Abend
strahlen in der Nacht
Manta - Albatros
im Meer und in den Lüften
Ruhendes Licht im Sein
in Dimensionen geworfen
jenseits von Raum
jenseits von Zeit
wo nichts war, noch wird
wo alles ist

COLLAGE

Chor trauernder Stürme
steigst empor
aus der Tiefe
meines Herzens
zum Hirn
dem Hort
der tausend Träume
singst
Worte
sind Spuren
im Sande der Zeit

v e r w e h t

Dort

Dort sitzt er
die Augen geschlossen
schweigend
im rötlichen Licht
Ruhendes Feuer
in Stille

Riss
im Zentrum der Stirn
Platzendes Öffnen
Springbrunnen aus Licht

Weiße schwebende Kugel
winziger Sonn
aus Schwärze geboren

Fall in die Leere

Wirbelnd wogendes Sternenmeer

Einfall

Wenn Kreise
brennen
stürzt
die Zeit

Eins und Alles

Am Anfang war das Wort
Und das Wort hieß:
»Werde!«

Und Alles wurde
aus Einem
geboren

EINS
ist
in allen Dingen

Und das EINE
und ALLES
ist
GOTT

Einst

Einst
als überall Farben
waren
Klänge und Gerüche
und wir
Teil des Ganzen
und nichts als Leben
hier und dort
und überall ringsum

Einst
verloren wir
das Paradies
als wir die Welt
zerteilten
in Gut und Böse
Schwarz und Weiß

ERDE

Eine Welt
in der ich lebe
eine Welt
in der ich
klein nur bin
nennen wir Erde

Doch andere Welten
schlummern - leben - sind
in mir und dir
in uns

Erdgedanken

Atmen wir
die Erde ein
solange wir können!

Lasst uns fliegen
tanzen - singen
im Zeitensturm!

Die Räume
sie wachsen

Dem Gesang
der Blätter
lauschen
leben

Leise gleitet
dein kleines Ich
durch das WIR
der Zeit

Eingebettet sein
lautlos verklingen
im Strom

Halten wir
die Erde
zusammen!

Erleuchtung

An jedem Ort
zu jeder Zeit
Erleuchtung

Da scheißt dir vielleicht
nur eine Taube
auf den Kopf
und es geschieht

Weit und klar
breiten sich aus
vor dir
Erde und Himmel
Alltag und All

Du lächelst
Die Taube lebt

Erste Kontrollinstanz

»Stimmt!«
sagte ich
zu mir
und hatte
wieder einmal
Recht

Dummheit getan
Dummheit erkannt

Evolution empor

Viele fragen sich:
Warum
geht die Evolution
aufwärts
zum Menschen hin
und weiter?

Die Antwort lautet:
»Die Teile
wollen Ganzes werden
Die Wesen
wollen Kosmos sein!«

Evolution und Zufall

Über Zufall und Teleonomie

Schau
den Sonnenaufgang
dort über den Bergen!

Für uns Menschen erschaffen!

Für uns?
War denn ein Ziel
wo ein Ergebnis ist?

Feuer

Feuer
singt
mein Ich
in Zeit

Es zündet
der Funke
und alles brennt

Wir gehen
hinüber
wir kehren
nie mehr zurück

Die Flammen
erlöschen
und still ist die Welt

FEUER AUF MEINER STIRN

Auf meiner Stirn
in meiner Stirn
im Zentrum
zwischen den Augenbrauen
brennt ein Feuer
in tiefstem Dunkelblau
Indigo

Ajna Chakra - Stirnchakra
auch Drittes Auge
so wird
das Sechste von sieben
genannt

Mit allen Sinnen
auf allen Ebenen
bewusst
die Wirklichkeit
das Sein
erkennen

Feuer aussen - Feuer innen

Zwei Arten von Feuer
fand ich:

Das äußere Feuer
vernichtet, zerstört, beendet
schafft neuen Raum
für neues Leben

Das innere Feuer
baut auf
lässt alles erstrahlen
und Dunkel vergehen

FRAGE UND ANTWORT

Wer bist du?

WIR
WIR sind
WIR sind ewig
WIR sind
das Lächeln der Nacht
und all der Sterne darin

FREUNDE

Die Freundschaft
ist eine Brücke
Denn sie überwindet
Raum und Zeit

Manch einen Freund
habe ich nie gesehen

Manch ein Freund
starb vor Jahrtausenden
Doch ich höre seine Worte

Andere Freunde
sind noch nicht geboren

Für Klaus*

Zwei Menschen
die fühlen
und sprechen davon
durch Klänge
durch Worte
die leben
in einer Welt
die wird
die fühlen
zwei Menschen

*: Klaus Schulze und seine Synthesizerkompositionen

Gedanken

Durch die Zeiten
schweben
still

G e d a n k e n

werden vergessen
tauchen wieder auf
und werden vergessen
gehen auf im EINEN
das alles ewig ist

GEDANKEN GLEICH WOLKEN

Siehst du die Wolken
dort oben
über den Bergen
deiner Sehnsucht?
Sie leuchten so hell!

Ein kleiner Vogel fliegt
hinaus in die Weite
Flatternder Gedanke
im Meer des Seins

Und die Berge
scheinen so klein

Strahlender Sonn leuchte!
Bringe Licht in diese Welt!

Still liegen die Meere
in uns
und träumen

Leise
schweben wie Wolken
Gedanken
empor
treffen sich
und werden eins
ziehen verändert auseinander

Wir alle leben!

Gedanken schaffen Licht

Gedanken wandern
zum Docht der Kerze
Flammen lodern auf
in der Nacht

Gedanken lachen
Freude
in die Weite der Welt
Wir tanzen zu ihrer Musik
auf den grünen Wiesen der Erde

Gedanken halten
Flammen still
in Zeitenstürmen

Wir tanzen - schweben
um Lichter
die uns denken
Geist
der uns erschafft

Gedanken - wir
Licht - wir
Wiesen - wir
Welt - wir

WIR
gebären Licht
aus uns

Gegen Mittag

Ein leichter kühler Wind
Leise schwanken die Margeriten
Tanz über Sonnenmeer
Ein Amselsingen und Sti le
Von Zeit zu Zeit
ein Brausen von der Straße
und aus den Himmeln

Geh!

Geh
auf die schwingenden Kreise zu!
Falle
in die wirbelnden Felder!

Gläserne Kugeln aus Licht
umhüllen die Zentren
in Kopf und Bauch

GEIST UND LICHT

Und hoben auf
unseren Geist
verschmolzen
dort oben
zu Licht

Gelesen

Gott würfelt nicht

Irgendwer
schrieb es
irgendwann auf
Irgendwo
las ich es
Und was fiel *mir* ein
bei diesem *einen* Satz?
Zwei Worte nur
die da lauten:

Oder doch!?

Gelesen an einer Wand

*Das Leben ist ein Irrlicht
ein Windhauch der Tod*

Warum sich Sorgen machen
um das Leben?
Warum Angst haben
wovor?

Wer lebt
der lebt
Wer nicht lebt
lebt nicht

Gestern – heute – morgen

Gestern
begann
der Sturm
in mir
geboren
aus einem Meer
der Stille

Ahnung
wandelt sich
in Wissen

Atmen wir ein
die Kräfte
von Erde und Sonn
und wachsen

Morgen
trägt uns alle
dieser stille Sturm
in kosmische Weiten

GLÜCKLICH

Auf dem Weg
zur täglichen Arbeit
flog mir mein Geist davon
Unbeschwert
schritt ich voran

Ja, die Arbeit an der Maschine
lief so gut wie nie zuvor
schnell - schneller - am schnellsten
zuckten meine Finger
im mechanischen Takt

Abends
trafen wir uns wieder
saßen gemütlich beisammen
Geist und ich
und plauderten
über den Tag

GOTT

Wir alle
sind
GOTT

Alle aus EINEM
EINS in Allen
so lautet
die göttliche Erkenntnis

Dies zu wissen
zu fühlen
zu leben
zu werden
zu sein
ist
Erleuchtung

Heilung

Lenke
die inneren Feuer
auf die Stelle
des Schmerzes!

So zerfließen
still
Krankheit
und Leid

Heute

Es regnet

Sonnenschein
in mir

Gedankenmeere
brausen heran

Leuchtend weiß
der Strand - der Sand
wartet
auf die kommende Flut

Im Zentrum des Seins

Still träumt die See
Ferne Ufer rufen
Gleißend hell
der Sonn
Klaren Himmel
spiegelt das Meer

Und ich
breite meine Arme aus
hebe sie empor
stehe aufrecht
unendlich klein hier unten
und schaue auf

Verschmelze
Bin
Fluss ins Meer
Licht im Wasser
Möwe im Sturm
Tanz - Stille - Weite - Leere
gestern, heute und morgen
im Zentrum des Seins

In den Zeiten

Gedanken
schweben still
in den Räumen
in den Zeiten
allüberall im All

Das Innere des Kristalls

Räume von Licht
gespiegelt - gespiegelt
immer wieder - endlos gespiegelt
Räume von Licht
um uns

Singender Glanz
süßer Duft
Verschmelzen wir
Tanzendes Licht
Ruhe in Zeit

Während Raum
an uns
dem Licht der Welt
vorübertreibt

Ist Zeit

Kosmos
Sonnen
Planeten
Leben

Ist Zeit
Kommt Tod!
Kommt Wiedergeburt?

Jenseits der 1. Ebene

Lass
deine Masken fallen!
Wirf ab
Körper und Illusion!
Folge mir!

Denn
hinter dem ersten Tor
in mir
sehe ich
lächeln und leuchten
weiß strahlen
ein rufendes Licht

Jenseits der 2. Ebene

Jenseits
der leuchtenden Kugel
in mir
fand ich
Schwärze
so dunkel und klar

Dorthin
trat ich ein

Dem Gesang
der Stille
lauschen

Julimittag

Wind weht
Dem Rauschen des Laubes lauschen
den Autos, die rasen
von Zeit zu Zeit vorbei
Das Ticksen der Amsel von fern
Gesprächsfetzen so nah
Wolkenverhangener Himmel
Wind weht

Du sitzt auf einer Bank
schreibst all dies auf

Und dann?
Welcher Bombenterror wo?

Nichts sonst!
Ruhe
Stille
Erholung

Kerzen-Ich

Kerze
mein Licht

Kerze
mein Ich

Erhellen
die Nacht
wir
Sonnen im All

KERZENLICHT

Kerzenlicht
blau umkränzter Docht
gelber Strahl
in Schwärze
Kerzenlicht
bin ich

Kerzenlicht (2)

Im Kerzenlicht
da fand ich mich

Beim Kerzenlicht
da fand ich dich

Stille
singt Kerzenlicht
in uns

Klarheit

Warme Sommernacht
so klar der Himmel
kristallklar mein Geist

Jetzt
könnten
Gebäude
einstürzen
unter
über
neben
mir

Stille
wäre
Stille
ist

Kleine Insel im Strom der Zeit

Brombeerumrankter Raum
Winzige Stelle
am Rande des Abgrunds
ginsterumhüllt
sonnig und warm

Lege mich nieder
liege in dir
Insel der Ruhe
inmitten
aller Hektik der Welt

Lächeln - innen und aussen

Wenn das EINE
das alles ist
GOTT
die Teile in sich wahrnimmt
die erkannt haben
was sie sind
wer sie sind
wo sie sind
wie sie sind
die erleuchtet sind

dann lächelt
ER / SIE / ES

Laotse

Nach Westen
schreitet
der Wasserbüffel
ins Vergessen

Deine Worte
aber bleiben
hinter dir zurück
denn einer
schrieb sie auf

Gelobt sei
die Grenze
dieses *eine* Mal

Laser

Schiebe
die inneren Spiegel
vor das Zentrum
deiner Stirn

Denn ein Strahl
fällt aus den Himmeln
und verbrennt
die Erde

So schickst du ihn
dorthin zurück
woher er kam

Lebenskreis

Stein
aus den Ufern steigend
fragte dich niemand
nach deinem Ziel
von Erde gehoben
Schrei nach Luft
Geburt

Hinauf
in die glücklichen Himmel
noch unbewusst und voller Lachen
bisweilen auch weinend
über den Wolken
wächst dein Erkennen
mit rascherem Fall

Entsetzen
vor dem spiegelnden See
Still und träumend
liegt vor dir
dein Ende

Schnell tauchst du ein
sinkst nieder
zu tiefem Grund

Wartest dort
auf die werfende Hand
des Lebens

LEBENSZEIT

Aus unseren Lenden
floss das Leben

Aus unseren Händen
floss der Tod

So war es
So ist es
So wird es immer sein!?

Denn eingebettet in Zeit
ist Leben
ist Tod
ist Leben danach?

Leere

Leere
ist nicht Leere

Zwei Extreme
will ich dir nennen:

Die westliche negative
das Fehlen von allem Positiven

Und die östliche allumfassende
die das Wesen aller Dinge ist

Von dieser zweiten Art
will ich dir singen

Die Leere atmen

Die Leere atmen
und dennoch weitergehen
Schritt um Schritt:
au-to-ma-tisch!

Das dachte er
am Morgen
unterwegs
zum Bahnhof
zur Arbeit
heute
wie auch gestern schon
und morgen wieder
jeden Tag

Lernen

Zunächst
das mehrseitige Denken
erlernen:

Es gibt nicht
»gut« und »böse«
für sich allein
Auch die Einen
sind nicht Licht

Dann
das mehrdimensionale Denken
erlernen:

Die Welt verstehen und meistern
wie sie scheint
und zur gleichen Zeit
die Welt suchen
wie sie ist

Licht

Licht
Leben
Liebe
Frieden

Einssein

Frieden
Liebe
Leben
Licht

Licht in mir

Lasse erstrahlen
leuchten
Licht in mir

Krankheit
fällt

Es wächst
mein Ich
zur Erde hinab
zum Sonn empor
zum Wir des Lebens
ins Morgen hinein

Licht meines Ichs

Licht
meines Ichs
führe mich
in die Weite

Lichtklang

Lichtgitter
tanzen sanft
an Wänden

Die Lampe schwingt
zu den Klängen
der Musik

Magie für Ma

Denn ich bin
das magische Element
aus alten Zeiten
gesandt
aus fernem Morgen
zu heilen

An den Grenzen
existiere ich
dort im Meer der Leere
jenseits von
Wahnsinn und Verstand
diesseits von
Weltraumkälte und Sonnenfeuer

Bei diesem *einen* Klang
heißt es
über Grenzen
zu gleiten

Mein Ich

Und durch die Zeit
es schreit
und lacht
und weint
mein Ich

Modifizierter Liedtext

Schrei
aus dem Innern
erschallt
lebt fort
verhallt
irgendwo
zwischen dir
und der Welt
dort draußen

Näher

breite flügel
finden ton
spreche leben

»Waswaswas
bedeutet das?«
fragst du dich
und antwortest
dir auch schon:

Breite aus
meine Flügel

Beginne zu finden
meinen Ton

Spreche von mir
und all dem Leben dieser Erde

Doch Mutter Erde
hält mich
noch immer
fest

O Freund

Frage mich nicht
woher?
wohin?

Im Gestern
habe ich begonnen
und gehe
dem Morgen entgegen

Einst aber
irgendwann
werden sich wenden
meine Pfade
und schließen sich
zum ewigen Kreis

ÖDE

Öde und gleich
ist der Tag
jeder Tag
denkst du

Wenn doch nur endlich
was passieren würde
das wär doch was!
murmelst du
dir selber
und den anderen
zu

Und wenn du
das Liebste
verlierst
was
schreist du
dann?

PARTEINAHME

Jedes Eintreten
für eine Seite
aus Überzeugung
aus Solidarität
aus Rache und Zorn
ist Blindheit
ist Lüge
Übersehen
eines großen Teils
der Wirklichkeit

Plötzlich

In mir ist
seit einigen Tagen
diese ferienartige Stimmung
einer Vorfreude gleich

Worauf, worauf?
Was weiß mein Ich,
was ich nicht weiß?

Und dann
ist plötzlich alles da:

Ein Leuchten
ein Schweben
ein Schreiten durch Mauern
ein lautloses Fliegen
sang- und klanglos
hinein ins Meer
der Stille

POCHT MEIN HERZ

Pocht mein Herz
noch viel zu schnell
pocht mein Herz
um Einlass

Doch die Tore
bleiben verschlossen

Hinter ihnen aber ruht
das stille Reich
aus WEISS

Licht fällt singend
durch den Spalt

Ein Zittern in mir
bebendes Sehnen
Warten auf morgen

Rasend

Rasend fallen
die Felsen
und Steine
zertrümmern
Schädel und Hirn

Wird frei
meine Seele
und schreit:
»Geboren!«

Raum

Eine Folge
von Leeren
die meinen Geist
ergreift

erfrischend
unverständlich
Ahnung

Rotwangenschmuckschildkröte

Still
betrachte
ich dich

Deinen Kopf empor
ins Sonnenlicht getaucht
flüstere mir zu
deine Gedanken

Mit geschlossenen Augen
Beine und Füße ausgestreckt
die Wärme zu fangen
erzähle mir
wovon du träumst

Sahst du je, hörtest du je?

Sahst du je
eine Blume weinen?

Diese eine schwarze Rose
vergießt rote Tränen
Blut - Menschenblut

Hörtest du je
eine Spinne lachen?

Diese eine Spinne
schreit
denn sie lebt!

Und die Grillen
zirpen nicht mehr
Stille herrscht

Und der Blinde
sieht
dich in sich
und nimmt deine Hand
führt dich in ein Land
das du niemals
schauen kannst

Sand

Ich bin
der Staub
unter deinen Füßen

Dein Name
ist
Mensch

Niemals
kannst du mich
zertreten

Denn gefangen
bist auch du
in der Zeit
die mich schuf

»S CHAU!«

»Schau!«
sangen die Felder
aus schimmerndem Lachen

Hörte ein Weinen
im träumenden Meer

»Komm!«
summten die Düfte

Also folgte mein Geist
schwebte davon
hin zu den Wundern
dieser Nacht
riss den Körper
mit sich fort

Nicht einmal Mauern
halten uns jetzt noch auf

Schleier, Schweigen, Schein

So fallen
still
die Schleier

Im weiten Ozean
ruht
das Schweigen

Es treibt
ein Schein
dahin
durch Zeit
und Schwärze
in fernes Licht
ins Morgenland
in klaren Raum

Schildkröten schweben

Da sitzen sie
die Hinterbeine ausgestreckt
in die Weite der Welt

Den Kopf erhoben
dem Licht entgegen
gleiten sie schwebend dahin

Still ruht ihr Geist
und lautlos lauscht
ihre Seele
den Klängen der Welt

Schmelzen und verschmelzen

Ich schmelze
verschmelze
löse mich auf
vereinige mich
werde
bin
ALL-es

Sehen

Öffne
deine Augen
die Welt zu schauen!

Neben dir
hasten und laufen und rennen
Millionen
die nichts sehen
weder die Welt
noch sich

Öffne
dein inneres Auge!
So steht
das Gestern auf
in dir
und das Morgen
Denn alles ist

Sigma

Kleine Abwehr
gegen alle Arten des Schreckens:
das Zeichen der Summe
das alle Räume schließt

Denke es!
So lässt es dich schlafen
und selig träumen
auf dieser deiner Mutter Erde

Simulation

Und wenn es so wäre
dass alles
was wir wahrnehmen
nur Schein ist
ja, dass wir selbst
nur Trugbilder sind
was dann?

»Ich bin!«, sagst du
und fasst dich an.
»Er ist!«, sagt sie
»Sie ist!«, sagt er.
»Ja, wir sind!«

Singt!

Singt mir
mein Lächeln
in blutende Stirn!

Die Tränen
habe ich verloren
mit meinem Verstand

Lang währte
mein Warten

Ein rasender Schrei
ein fliegender Stein

Mein Dankesruf:
»Ich lebe!«

Spiel der Katze mit der Maus

Ein Schatten
senkt sich
über die Flamme

Meine Hände
schreien

Still
brennt die Kerze
noch immer

Ich gebe ihr
wieder Raum
zu leuchten

Dann löscht
mein Atem
sie aus

Die Starke und der Schwache

»Ich liebe dich!«
spricht die Gottesanbeterin
zum Gottesanbeter
und
beißt ihm
den Kopf ab

Und wie ist es nun
bei uns Menschen?

STAUB

Nun
du Staubkorn!?!

Ach
ein prügelndes Körnchen
hebt seine Fäuste
wider den Sturm

Ein Lachen
ertönt
schon fern
ein Singen
durch Zeit

STEIN DES ANSTOSSES?

Das soll
dein Leben
sein?

Erst ist der Stein
der Anstoß
Dann folgt
die Geburt der Welle

Wächst und lebt
und wächst und wächst
und lebt und lebt und lebt
bis sie endet
am Strand

Wieder eins
mit Sand und Stein
und mit dem Meer

Stell dir vor

Stell dir vor
du seist unsterblich
Alle anderen aber
sind sterblich
wie eh und je

Dann siehst du
sie alle sterben
die du kanntest und liebtest
auf deinem langen
langen Lebensweg

Alle gehen sie dahin
in deinen Armen
vor deinen Augen
vor deinen Ohren
in deinem Geist
in deiner Seele
dort außen und in dir

Du weinst
und weinst und weinst
immer und immer wieder
Deine Tränen
hören nicht auf
zu fließen

Stille Nacht

Betrachten wir
die glitzernde Spur
der Schnecke!

Lauschen wir
ihrem Kriechen
über Laub und Stein!

Jetzt
um Mitternacht
unter dem Licht
der Vollen Mondin

STILLER SEE

Sonn
strahlt hell
dort oben
spiegelt sich
sein Leuchten

Niemals
sind Wellen
dort draußen
doch tief in dir

So steigst du auf
nichts hält dich hier
und schwebst davon

dort unten
hier oben
hier und dort
und überall
also auch
zwischen den Welten

STRAND

Graue Mauern
zerfließen
zu Sand
von den Winden
des Meeres
verweht

Und
das Wasser
ist
so klar

STREIFE AB!

Streife ab
die Maske
deines Lachens!

Wirf sie still
in den Wind!

Und was
tritt dann
hervor?

System

Fast perfekt
ist das System:
Schule - Beruf - Alltag

Alle töten
Fantasie
lassen dich tun
was andere sagen
manipulieren
zensieren
lenken ab
Spaß - Spaß - Spaß
wollen wir!

Jenseits
der gesetzten
engen Grenzen
bleiben nur
wenige Alternativen

Die Dinge sind
wie sie sind
schlechter denkbar
anderswo so realisiert
dennoch hier wie dort
beschissen

Tee trinken

Die Tasse
am Mund
die Augen
geschlossen

Gedanken
aus!

Dem Schlürfen
deines Mundes
lauschen
schmecken
schlucken

Ein Tippen

Laute
so leise - so fern
in deinen Ohren
und tief in dir

Es ist
als würden da
Tasten
von Fingern
gedrückt

Fragst du dich:
Schreibt
irgendwer
mich?

TOR

Beim Durchschreiten
wird alles im Innern
umstrukturiert
und neu geschaffen

Oder aber
alles ist längst schon da
schlummert
irgendwo in dir
in tiefsten Tiefen
verborgen
wartet
auf sein Erwachen
hinter dem Tor

Tränen (1)

Ich bin
so traurig
so glücklich
bin ich
von Licht
zu Licht
in mir

So
fallen
die Tränen
her-
nie-
der

Tränen (2)

Sahst du je
eine Schnecke
aus Fühlerspitzenaugen
weinen?

Nein, nein
ich meine nicht
ihren Schleim
sondern Tränen
die fließen und tropfen
jetzt und hier
bei Nacht

Tränenreich

Tränen
so reichlich
ein Tränenreich
fiel mir
aus meinem Munde

Wohne
weit oben
in den Wolken

Geboren
aus Sonnentraum
bin ich
der Stein der Weisen
und heile
dich und mich

ÜBER DER ZEIT

Irgendwo
sah ich Ihn stehen
entdeckte
die Fäden
im Licht

Milliarden
mussten es sein
die fielen hinab
aus Seiner Stirn

Und an den Fäden
bewegten sich
wir Menschen

Und du?

Generationen von Wesen
siehst du vergehen
die leben nicht lang

Und du?

Wer
schaut *dir* zu
und deinen Kindern
und Kindeskindern?

Und Lichter ...

Und Lichter
gleiten
durch Schwärze
vergehen

Und Lichter und Schwärze
und irgendwo
dazwischen
muss Dunkel sein

Rotgepunktet gespiegeltes Hell
in ruhendem Fluss

Der Zug
bin ich
ziehe schweigend vorbei

Vergänglichkeit

Zeiten fließen
Blumen sprießen
Doch man muss
sie gießen!

Von oben – von unten

Stimme von oben:

So
soll
es sein!

Stimme von unten:

Es ist
wie es ist!

Von Tränen und Leben

Warum
weinst du?

Wo und wie
hast du gelebt?
Weißt du
weshalb?

WAHRHEIT

Wo Wahrheit ist
dort stirbt das Leben
dort kann kein Leben sein

Denn
unsere Sinne
lügen
und unser Geist
ist beschränkt
und allzu groß sind
unsere Ängste

Wann?

Wann?
Wann verändern wir?
Wann verändern wir die Welt?
Die Welt?
Verändern wir?
Wir?

Die Welt
verändert
uns!

Wer bin ich?

Wer bin ich?
fragte ich mich

Und eine Stimme
flüsterte mir zu:
»Suche die Antwort
in der Zeit!
Dort
wirst du
sie finden«

Windstille

Wind weht

STURM BRAUST

Wir
stehen auf
drehen uns
im Kreis
und singen

Und alles
wird still
hier auf der Lichtung
im Wald

Im Zentrum
stehen wir
und schauen auf
in die sternenklare Nacht
und schweigen still
erinnern uns
und weinen
und lachen
und drehen uns
weiter im Kreis
bis Schwindel
uns niederstreckt

So liegen wir da
und lächeln
dem aufgehenden Licht entgegen

WIR SIND

Ich bin
der sein wird

Ich bin
die war seit Anbeginn

ich bin
das ewig ist

WIR SIND

Wort

Da schaute ich
still die Sterne

Die riefen mir zu
ein Wort

Das habe ich
längst vergessen

Und wüsste ich es
so wär das ohne Belang
denn die Sternensprache
versteht kein Mensch

ZEIT

Lange sah ich
nicht mehr
in Spiegel
Dann ...

Jetzt
sehe ich
mich

Es ist die Zeit
die fraß sich still
in meine Haut

Ziel

Die Einheit
aller Teile
meiner Kunst

Schreiben
Musik
Fotografie

Das Verschmelzen
Einswerden
all dieser Dinge
in mir

ZWISCHENDRIN

Den Eingang kennen wir alle
Sein Name lautet
Geburt

Zwischendrin
ist Leben

Früher oder später
gehen wir alle
Ausgang Tod

Belletristik von Rainar Nitzsche

Lyrik

Ewig sein in Stille. Meditative Lyrik. Rainar Nitzsche / Berthold Mallmann, 122 Seiten mit 21 Grafiken, nummeriert, handsigniert, limitiert auf 50 Exemplare, ISBN 9783930304264. Neuauflage Rainar Nitzsche ISBN 9783741261312.

Klang über den Meeren der Zeit. Harald Fuchs / Rainar Nitzsche. 72 Seiten mit 31 Grafiken, nummeriert, handsigniert, limitiert auf 313 Exemplare, ISBN 9783930304073. Neuauflage Rainar Nitzsche ISBN 9783738643411.

OM oder Das Rauschen der scheinbaren Leere. Meditative Lyrik. 80 Seiten, nummeriert, handsigniert, limitiert auf 316 Exemplare, ISBN 9783930304028. Neuauflage ISBN 9783744869003.

wir ... menschen der erde. Natur, Untergang, Hoffnung, Neuanfang, Aufbruch ins All. 72 Seiten. Neuauflage ISBN 9783744818629.

Die Zeit der Bäume. Rainar Nitzsche / Harald Fuchs, 60 Seiten mit 23 Grafiken, nummeriert, handsigniert, limitiert auf 304 Exemplare, ISBN 9783980210249. Neuauflage Rainar Nitzsche ISBN 9783744814652.

Die Pfadwelten - Trilogie

Die fantastische Reise von *Manfred dem Magier,* der die Fähigkeit besitzt, sich in andere Lebewesen zu verwandeln, weder Zauberstab noch Zaubersprüche benötigt und mit einem Schwert, das erscheint, wenn es gebraucht wird. Sein Weg durch die Bioregionen der Erde auf der Suche nach seiner großen Liebe im Kampf mit seinem Widersacher, einem uralten unsterblichen schwarzen Wesen aus der Welt T-Her.

Der Leuchtende Pfad des Magiers. PFAD 1, 186 Seiten, handsigniert, nummeriert, limitiert auf 207 Exemplare, ISBN 9783930304035. Neuauflage ISBN 9783743113763.

Wandlungen der Drei. PFAD 2. 194 Seiten, handsigniert, nummeriert: 50 Exemplare, ISBN 9783930304134. Neuauflage ISBN 9783743196001.

Wüsten-Berges-Himmels-Weiten. PFAD 3, 180 Seiten, handsigniert, nummeriert, limitiert auf 50 Exemplare, ISBN 9783930304172. Neuauflage ISBN 9783743159600.

Die Pfadwelten - Der vierte Band

Seelenreisen von Menschen- und Arachnoiden, ES, Katzen und eines Schneckenwesens durch Raum und Zeit bis zur Vereinigung der Sieben und zur Erleuchtung.

Ins All - Im Eins. PFAD 4. 208 Seiten, handsigniert, nummeriert, limitiert auf 50 Exemplare, ISBN 9783930304141. Neuauflage ISBN 9783743172883.

Pfadwelten von Alexa E. Bach

Der Schneckenkönig. Auf der Suche nach der großen Liebe und seinen Untertanen begegnet der Schneckenkönig den wunderlichsten Wesen, wie den Buntlingen und lebendigen Spielfiguren bis er schließlich stirbt und seine Seelenreise beginnt (s. o.), 76 Seiten, ISBN 9783842355873.

Fantastische Kurzprosa

Die MONDIN-Trilogie - Vollmondnacht

Ruf der Mondin. Lieder der Nacht. 62 Seiten, ISBN 9783980210256. Neuauflage als E-Book.

Im Licht der Vollen Mondin. 132 Seiten, ISBN 9783930304042. Neuauflage als E-Book.

Mondin-Schein und Sein. 176 Seiten, ISBN 9783930304127. Neuauflage als E-Book.

Drei Themenbände: Tag, Spiegel, Kosmos

ATON Vater Sonn. Taggeschichten. 184 Seiten, 50 handsignierte, nummerierte sowie weitere Exemplare, ISBN 9783930304097. Neuauflage als E-Book.

Spiegelwelten deiner Seele. Spiegelgeschichten. 96 Seiten, 50 handsignierte, nummerierte Exemplare, ISBN 9783930304271. Neuauflage ISBN 9783741252006.

Still riefen uns die Sterne. Kosmische Geschichten. 164 Seiten, 50 handsignierte, nummerierte sowie weitere Exemplare, ISBN 9783930304295. Neuauflage als E-Book.

Erleuchtung, Dämonen, Spinnenträume

Von Engeln, Erleuchtung und Ewigkeit. Meditative Kurzprosa. Rainar Nitzsche / Harald Fuchs. 144 Seiten, ISBN 9783930304783. Neuauflage, 149 Seiten, ISBN 9783741266621.

Das Schlafende steht auf aus Seinen Träumen. Fantastische Kurzprosa mit dem Gemälde der Mona Lisa sowie eigenen Fotos - alles effektvoll verändert, Vampire, Fabelwesen, Parallelwelten, 204 Seiten mit 30 Abbildungen, ISBN 9783930304776. Neuauflage ISBN 9783744887960.

Spinnentraumgespinste. Spinnenträume und Spinnenbegegnungen. 164 Seiten mit über 80 verfremdeten Fotos sowie Grafiken vom Verfasser. 2. überarbeitete Auflage, ISBN 9783930304707.

Unter dem Pseudonym Olaf Olsen

Dreimal Horror kurz und schmerzhaft mit Illustrationen von Rainar Nitzsche:

ES bricht hervor aus dir. 106 Seiten, nummeriert, handsigniert, limitiert auf 50 Exemplare, ISBN 9783930304493. Neuauflage als E-Book.

Höllen-Fahrten-Leben-Träume. 156 Seiten, nummeriert, handsigniert, limitiert auf 50 Exemplare, ISBN 9783930304318. Neuauflage als E-Book.

Die Meere des Wahnsinns. Wenn sich die Grenzen verschieben. 78 Seiten, nummeriert, handsigniert, limitiert auf 50 Exemplare, ISBN 9783930304301. Neuauflage als E-Book.